Dieses Buch gehört:

ZARTE ROSEN TRÄUME

Schöne Sachen zum Selbermachen aus Großmutters Zeit

DEBORAH SCHNEEBELI-MORRELL
Photos von Heini Schneebeli

Konzept und Gestaltung:
THE BRIDGEWATER BOOK COMPANY LTD

Gestaltung: Peter Bridgewater und Jane Lanaway
Redaktionelle Bearbeitung:
Geraldine Christy und Mandy Greenfield
Photos: Heini Schneebeli
Umschlaggestaltung: Chris Lanaway
Übersetzung ins Deutsche: Jutta Schlie

First Published in 1995 under the title
The Victorian Book of Ribbons and Roses
By CLB Publishing Ltd

ISBN 3-8112-1495-0

INHALT

EINFÜHRUNG

IM 19. JAHRHUNDERT, einer Zeit, in der man es sich im eigenen Heim gemütlich machte, stand Kreativität in Haushaltsdingen in hoher Blüte. Jedoch waren schöpferische Ideen in dieser Richtung allgemein eine Angelegenheit der weiblichen Oberschicht, die es sich aufgrund des reichlich vorhandenen Hauspersonals leisten konnte, Beschäftigungen dieser Art nachzugehen. Neue Entwicklungen in der Druckindustrie führten zu einer reichen Fülle von Frauenzeitschriften und Büchern mit Ratschlägen in Haushaltsdingen, die aber auch Anregungen gaben für jede Art kunstgewerblicher Ausdrucksweisen, Hand- und Nadelarbeiten. Heute lassen sich Beispiele dafür noch in Museen und auf Antiquitätenmärkten besichtigen, vielleicht haben Sie auch selbst ein oder zwei Teile geerbt, etwas für den Handarbeitskorb oder ein Sammelalbum, vielleicht ein geschmücktes Photoalbum.

Die in diesem Buch vorgestellten Gegenstände und Utensilien lassen etwas von dem Geist und ästhetischen Empfinden jener Epoche erahnen und wollen die Atmosphäre einer ruhigeren Zeit heraufbeschwören. Der praktische kleine Briefständer mit den Ausschneidebildern auf Seite 17 und die reizenden Valentinskarten auf den Seiten 28–29 mit Bildausschnitten und randverziertem Papier, bereichert mit nostalgischen Motiven und Schleifen, zeigen die Stücke, die eine lange Tradition haben, während die bandgeschmückten Kämme auf Seite 24–25 ihre Vorbilder in Frauenzeitschriften fanden. Moderne Verfahren haben ebenfalls Anwendung gefunden; das Exlibris auf Seite 14–15 sieht zwar echt aus, entstand aber mit Hilfe des Photokopierens, einer Technik der Moderne, welche auch die Menschen damals sicher sehr geschätzt hätten.

Die Menschen des 19. Jahrhunderts, vor allem in England, liebten Blumen und verehrten die Rose, denn sie hat die Poesie durch Jahrhunderte hindurch beflügelt und war Gegenstand manch gefühlsseliger Verse von Amateurschriftstellern. Das Gärtnern war ein weiterer Lieblingszeitvertreib, in dessen Zuge auch die Kultivierung von Rosen einherging. So wurden in der Folge Knospen und Blüten gesammelt, getrocknet und in Form verblichener, seidenpapierartiger Arrangements, die oft unter einer Glasglocke ausgestellt waren, liebevoll aufbewahrt. Man fertigte erfrischende Gesichtswässer aus Rosenwasser, und aus duftenden Potpourris wie auf Seite 12–13 entstanden zuweilen liebliche kleine Duftkissen mit dem herrlichen Aroma getrockneter Rosenblüten (Seite 33), die dann zwischen die frische Wäsche gelegt wurden.

Die Leidenschaft der Königin Viktoria für Schottland machte alle Welt ganz versessen auf allerlei Kariertes. Die Bilderrahmen auf Seite 36–37 sind mit hübschem Schottenband geschickt verziert worden. Weil Bänder so beliebt waren, wurden Kleider und Hüte weitgehend damit besetzt und verziert. Die gesteppte Decke für ein Nähkörbchen auf Seite 40–41 hat zwar keinen streng traditionellen Stil, erzielt aber mit einem gezackten, karierten Band und Perlmuttknöpfen eine erstaunliche Wirkung.

Schöne Bänder, gemusterte und bunte, sind heutzutage viel einfacher zu finden, und einige Fachgeschäfte haben sich auf die Reproduktion alter Muster spezialisiert. Ungewöhnlich groß ist die Auswahl in Stil, Farbe und Stoff, so daß schon allein die Namen genügen, um neue Ideen entstehen zu lassen: Seide, Satin, Tüll, Moiré, Samt, Taft, Chiffon, und das alles auch drahtverstärkt oder flauschig. Die Liste der Bänder zum kreativen Gebrauch und zu unserer Freude ist endlos.

ROSENPOTPOURRI

KEIN DUFT KANN so gut einen Sommergarten vor das geistige Auge führen wie das reiche, berauschende Parfüm der Rose. In sämtlichen Rezepten für ein Potpourri hat die Rose als Bestandteil die längste Tradition. Es war im 18. Jahrhundert, als die Bezeichnung Potpourri für eine Duftmischung aus Kräutern, Blüten und Gewürzen aufkam, mit der Häuser und Wohnungen geschmückt und mit Wohlgeruch erfüllt wurden.

Ein gut ausgestattetes Haus von damals hatte in allen wichtigen Räumen Schüsseln oder Körbe mit stark duftenden, selbstgemachten Potpourris stehen, aber nichts kann die herrlich verblaßte, bröselig raschelnde Qualität getrockneter Rosenblüten übertreffen. Wählen Sie doch einmal die feine Mischung aus Rot, Pink und Tiefrot, die mit Trockenmoos umrahmt ist, oder schaffen Sie aus Ihren eigenen Farben eine persönliche, dynamisch-lebhafte Mischung!

MATERIALIEN

1 TL gemahlener Zimt
30 g gemahlene Iriswurzel
7 Tropfen ätherisches Rosenöl
3 Tropfen ätherisches Öl einer Landhausgartenmischung
1 Vanilleschote
Ca. 4 Handvoll Mischung getrockneter Rosenblätter, Knospen und Blüten
25 g Trockenmoos
25 g Lavendel
25 g Zitronen-Eisenkraut
Eine Handvoll kleiner Nelken

1 Vermischen Sie in einer kleinen Schale den Zimt, das Iriswurzelpulver und die ätherischen Öle.

2 Zerreiben Sie die Mischung mit den Fingern, damit das Öl alles gleichmäßig durchzieht.

3 Die Vanilleschote in kleine Stücke brechen und in einer großen Schüssel mit den übrigen Zutaten vermischen, dabei etwas von dem Trockenmoos, einige Knospen und Blüten sowie Blütenblätter für die Oberflächenverzierung zurückbehalten.

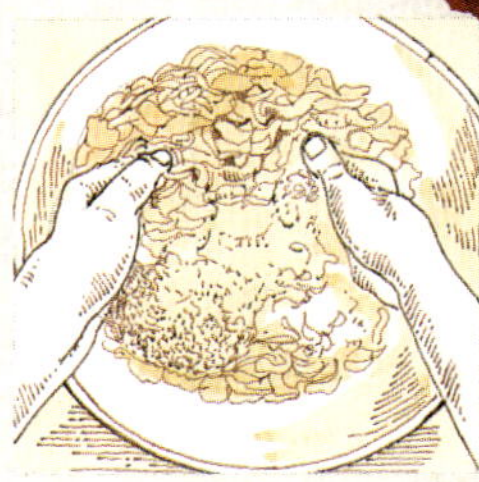

4 Die Mischung aus Irispulver als Fixativ, Gewürzen und Ölen zu der Schüssel mit den Trockenbestandteilen geben, alles mit den Händen zu einer gleichmäßig duftenden Masse vermischen.

5 Das Potpourri in einem luftdichten Behälter drei Wochen lang im Dunklen aufbewahren und gelegentlich schütteln. Je länger die Mischung steht, desto stärker wird der Duft. Schließlich aus dem Behälter herausnehmen und in einer dekorativen Schale anordnen.

LESEZEICHEN

BÜCHER WAREN in jener Zeit ein hochgeschätzter Besitz. Für gewöhnlich waren die Vorsatzpapiere marmoriert, und die Bucheigentümer klebten üblicherweise am Anfang ein persönliches verziertes Exlibris hinein. Oft bestanden die Lesezeichen aus geprägtem Leder, aber für ein Buch mit gefühlvoller Poesie waren ein Seiden- oder Satinband oder etwas Geflochtenes mit Quaste passender. Das hier gezeigte aufwendige Lesezeichen aus goldener und schwarzer Borte mit Quaste könnte nicht einfacher anzufertigen sein.

MATERIALIEN

22 cm verzierte, goldschwarze Borte,
4 cm breit
Textilklebstoff
Goldquaste

1 Das obere Bandende umschlagen und mit Klebstoff fixieren. Der Klebstoff sollte nicht auf der Vorderseite durchscheinen. Nötigenfalls festhalten bis zum völligen Trocknen.

2 Das zweite Bandende ebenfalls 2 cm umschlagen und vor dem Festkleben in der Mitte der umgebogenen Schmalseite ein kleines Loch machen.

3 Die Quastenschnur durch dieses Loch ziehen und mit einem Tropfen Klebstoff bis zum Trocknen fest andrücken.

4 Beide Ecken rechtwinklig zu der Stelle hin umschlagen, wo Band und Quaste zusammenkommen, festkleben.

EXLIBRIS

Mit den Möglichkeiten des Photokopierens ist es heute so einfach, eine Sammlung von Exlibris mit persönlicher Note herzustellen. Das hier gezeigte ist handkoloriert und wurde leicht mit schwarzem Tee antik eingefärbt.

MATERIALIEN

Eine Auswahl schwarzweißer Gravierungen
(event. Scherenschnitte)
verschiedener Motive
(Rahmen, Blumenkorb und Schriften)
Weißes Papier
Sprühklebstoff oder Papierkleber
Schwacher Tee
Buntstifte

1 Wählen Sie eine ansprechende schwarzweiße Gravierung; in unserem Beispiel sehen Sie einen Korb mit Rosen. Das Bild ausschneiden und auf weißes Papier kleben.

2 Einen Rahmen für den Korb ausschneiden, dabei den für die Beschriftung und den Namen nötigen Platz berücksichtigen. Die Ecken sorgfältig ausarbeiten und befestigen.

3 Die ausgeschnittenen EX LIBRIS-Buchstaben anordnen. Mit einem Computer und einem Drucker können Sie auch den passenden Schrifttyp selbst auswählen. Mehrmals photokopieren! In diesem Stadium läßt sich die Schrift noch wunschgemäß vergrößern oder verkleinern.

4 Das Exlibris mit Tee färben und trocknen lassen. Etwaige Knitter im Papier mit einem Bügeleisen bei mittlerer Temperatur glätten. Den Blumenkorb handkolorieren und mit Buntstiften umrahmen, die fertige Exlibris-Seite in Ihr Lieblingsbuch kleben und unter das Exlibris den eigenen Namenszug ergänzen.

Elphinston: „*Was, Sie haben es nicht zu Ende gelesen?*"
Johnson: „*Nein, Herr, lesen Sie etwa Bücher ganz durch?*"

SAMUEL JOHNSON, 1709–1784

Jedes Buch, das von einem jungen Mädchen berührt wird, sollte in weißes Pergament gebunden werden.

JOHN RUSKIN, 1819–1900

LIEBESBRIEFE

Mein Liebling, sei eine Ehefrau und gute Freundin zugleich, schreibe gute Briefe, blas keine Trübsal, und quäle mich nicht.

ANTON TSCHECHOW 1860–1904

DIE MENSCHEN des 18. und 19. Jahrhunderts pflegten sich in der Kunst des Briefeschreibens zu üben, und man erwartete von den meisten eine schöne Handschrift. Als das Briefporto um 1840 nur wenige Groschen betrug, wurde der Austausch von Briefen im ganzen viel einfacher, und auch zwischen Freundinnen gingen zärtliche Briefe hin und her. Liebesbriefe aber mußten sicher aufbewahrt werden. Und gab es etwas Besseres dafür, als den Inhalt mit einem verblaßten rosa Satinband und Siegelwachs vor neugierigen Augen zu verbergen?

MATERIALIEN

1 m blaßrosa Satinband
Etwas Aluminiumfolie
Blaues Siegelwachs
Streichhölzer
Münze oder Polsternagel mit erhöhtem Kopf

1 Das Band abbildungsgemäß um ein Bündel mit Briefen binden und oben verknoten.

2 Unter den Knoten zum Schutz der Briefe ein Stückchen Aluminiumfolie legen. Den Docht vom Wachs anzünden und das heiße Wachs vorsichtig auf den Knoten tropfen lassen.

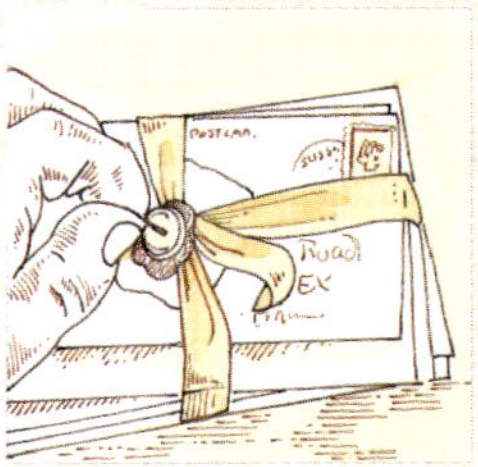

3 Zügig arbeiten und vor dem Abkühlen des Wachses eine Münze oder einen Polsternagel in das warme Wachs pressen, damit ein Abdruck entsteht.

4 Die Bandenden abbildungsgemäß schräg abschneiden.

BRIEFSTÄNDER

DIESER REIZENDE und zugleich praktische Briefständer mit Ausschneidebildern ist genau das Richtige, Ihren Schreibtisch zu verzieren. Fertige Briefständer aus Holz oder festem Karton gibt es in den meisten guten Papierwarenläden oder zum Selbermontieren auch in Bastelläden. Dieser Briefständer hier erhielt sein echt nostalgisches Aussehen einerseits durch Geschenkpapier, einer Faksimileübertragung von alten Tapetenmustern, und andererseits durch den Reißlack.

Es scheint vielleicht übertrieben eigen, aber wir empfehlen doch, sich daran zu gewöhnen, bei allen Gelegenheiten ganz genaue Notizen zu machen ...

Aus einem Ratgeber für Hausfrauen von 1894

MATERIALIEN

Briefständer aus Holz oder Pappe
Nostalgisch gemustertes Geschenkpapier
Schere
Tapetenkleister
PVA-Klebstoff
Reißlack, Mittel 1 und 2
Pinsel für Reißlack
Umbrabraune Ölfarbe
Stofflappen
Polyurethanlack mit Mattglanz
Lackpinsel
Feines Sandpapier

1 *Das Papier so zuschneiden, daß die einzelnen Teile etwas größer als die zu bedeckenden Flächen sind. Mit der Fläche des mittleren Einsatzes beginnen. Das Papier leicht abgerundet zuschneiden, entsprechend den abgerundeten Flächen der drei Fächertrennwände.*

2 *Den Tapetenkleister zurechtmischen und mit der Fläche des mittleren Einsatzes wieder beginnend, auftragen, dann das Papier behutsam auf die Vorderseite des mittleren Einsatzes drücken und etwaige Luftblasen mit den Fingern ausstreichen. Die abgerundete Seite umbiegen und fest auf der Rückseite festkleben. Die Rückseite wird mit einem etwas kürzeren Stück beklebt, dessen abgerundete Kante die umgeschlagene Vorderseitenkante zudeckt.*

3 *Diesen Vorgang mit dem vorderen und hinteren Teil des Briefgestells wiederholen sowie sämtliche Innen- und Außenseiten der Seitenwände ebenfalls mit Papier bekleben. Nach dem Trocknen den Boden ebenso bedecken und dabei PVA-Klebstoff verwenden.*

4 *Den Reißlack in zwei Phasen nach den Anweisungen des Herstellers auftragen. Nach dem zweiten Auftrag, wenn der Lack schon gerissen ist, eine kleine Menge der umbrabraunen Ölfarbe in die Risse einreiben und überschüssige Farbe entfernen. Trocknen lassen.*

5 *Den Polyurethanlack in drei Schichten auftragen, dabei die vorletzte Schicht vor der letzten Lackierung leicht abschmirgeln.*

Schachtel mit Ausschneidebildern

Das Ausschneiden von Bildern – eine Technik mit langer Geschichte – wurde im 19. Jahrhundert zu einer Mode. Die technische Entwicklung in der Druckindustrie ermöglichte es jedermann, eine große Vielfalt gedruckter und geprägter Farben, Bilder und Ausschnitte zum Einkleben zu sammeln. Unter Freunden wurden diese lebhaft ausgetauscht und in Alben eingeklebt, sie fanden Platz auf Schachteln, Wandschirmen, Koffern, Rahmen und Buchhüllen, und es gab noch manch anderen Verwendungszweck. Auch heute noch finden wir nostalgische Aufklebebilder, und es ist auch verhältnismäßig einfach, Schachteln aus unbehandeltem Holz oder aus Pappe in jeder Form und Größe zu bekommen.

MATERIALIEN

Achteckige Schachtel
Grüne Farbe
Farbpinsel
Nostalgische Bilder von Bräuten, Rosen und Schmetterlingen
Schere
Tapetenkleister
Pinsel für den Kleister
1 Bogen orange- oder pinkfarbenes Papier, wiederverwendet
Zickzackschere
Polyurethanlack mit Seidenglanz
Lackpinsel
Feines Sandpapier

42 Kästchen hatte er mitgebracht, säuberlich
verpackt sie alle, und auf jeder stand sein Name,
geschrieben in schöner Hand. Leider unterließ
er's, zu unterrichten den Diener in der Halle,
Aus diesem Grunde geschah's, daß dieser sie
vergaß am Strand.

Jagd nach dem Fabeltier von
LEWIS CARROLL 1832–1898

1 Schachtel und Deckel erhalten je zwei Schichten grüner Farbe. Trocknen lassen.

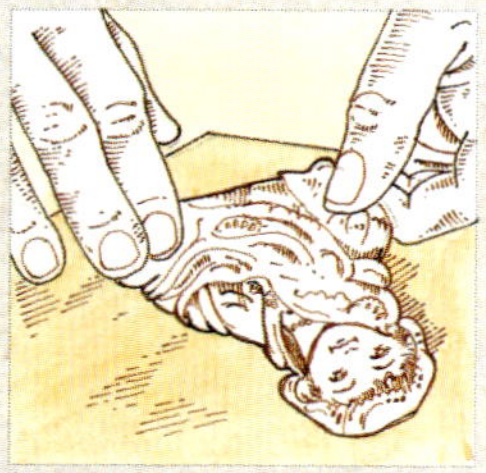

2 Die Bilder sorgfältig ausschneiden und auf dem Deckel einen Plan für die Anordnung entwerfen. Dann die Bilder entfernen, den Deckel mit Kleister bestreichen und das erste Bild aufkleben.

3 Die Rosen auf eine Seite der Figur, die Schmetterlinge auf die andere Seite kleben.

4 Einen zwei cm breiten Papierstreifen in Orange oder Pink abschneiden, mit der Zickzackschere die eine Seite verzieren und mit der normalen Schere den anderen Rand bogenförmig zuschneiden. Um die Deckelkante herumkleben und die Enden sich überlappen lassen.

5 Mit weiteren Zickzackstreifen den unteren Deckelrand und die Schachtel unten verzieren. Nach dem vollständigen Trocknen drei Schichten des Klarlacks auftragen, dabei die vorletzte der besseren Glätte wegen leicht abschmirgeln.

... es ist nicht etwa so, daß die Macht des Künstlerischen aus der Welt sei, vielmehr hat sich eine schnellebige Zeit entwickelt, die keinen Raum mehr läßt für eine bewußt anmutig gestaltete Dekoration oder für besondere Mühsal aus Liebe zu dieser Sache.

Das Wohnzimmer und seine Dekoration
Mrs Orrin Smith
1877

Bemalte Schachteln

Jede dieser ansprechenden Schachteln ist schon für sich allein ein wunderschönes Geschenk; vielleicht füllen Sie noch eine mit selbstgemachten Bonbons, mit einer Muschelsammlung, mit Bändern oder Nähutensilien. Sie könnten auch eine rosen- und bänderverzierte Schachtel in Herzform mit einem kostbar duftenden Potpourri füllen. In unserem Beispiel haben wir eine solche mit dem Kamm verziert.

Materialien

Ovale Schachtel
Farbe in Elfenbein oder Eierschale
Dunkelblaue Farbe
Kamm zum Dekorieren
Pinsel mit spitz auslaufendem Stiel
Polyurethan-Klarlack mit Seidenglanz
Lackpinsel

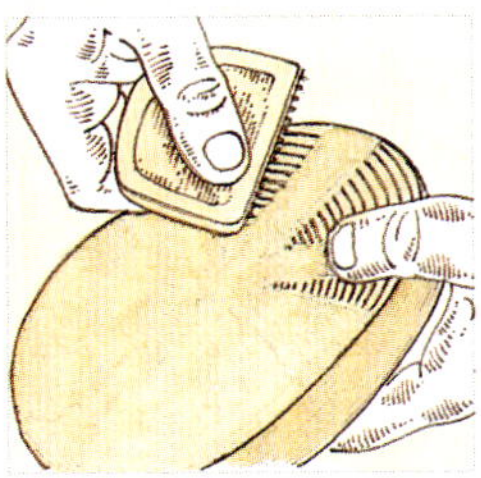

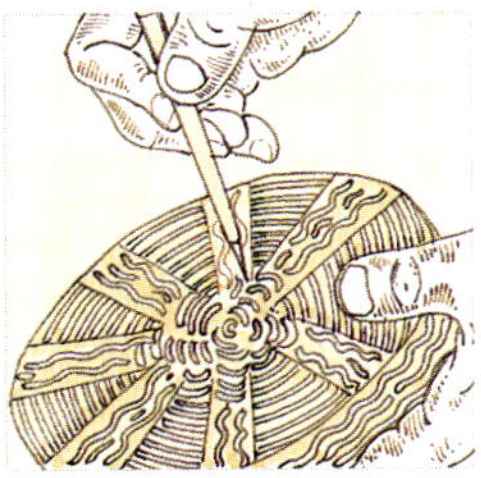

2 Mit dem Pinselstiel Wellenlinien zwischen die mit dem Kamm verzierten Flächen einfügen und nach dem Trocknen mit drei Schichten Klarlack überziehen.

1 Zwei Schichten Farbe in Eierschale oder Elfenbein auftragen. Nach dem Trocknen mit Blau bemalen und – solange die Farbe noch feucht ist – mit dem Kamm ein Muster ziehen, so daß die helle Farbe darunter erscheint.

DEKORATIVE SCHLÜSSEL

DIE HAUSDAME, die einem Haushalt vorstand, trug das gewichtige Symbol ihres Amtes, den Gürtel mit den Schlüsseln für die Vorratskammer, Wäschekammer und Vorratsschränke, um die Taille. Und nicht selten genügte schon das Klirren ihrer Schlüssel, das ihr Herannahen ankündigte, um das übrige Hauspersonal, selbst wenn es sich nicht dem Müßiggang hingab, in Ehrfurcht erstarren zu lassen. Es ist überraschend einfach, schöne Quasten aus vielen unterschiedlichen Garnen, in mancherlei Form und Größe, herzustellen. An einem besonderen Schlüssel, etwa für den Schreibtisch, den Wäscheschrank oder den Schmuckkasten, nehmen sie sich sehr gut aus.

MATERIALIEN

Je ein Strang grünes und orangefarbenes Baumwollhäkelgarn
Etwas Watte
Nadel
40 cm Goldkordel

Der Schlüssel zu Indien liegt in London.

BENJAMIN DISRAELI,
Englisches Oberhaus,
5. MÄRZ 1881

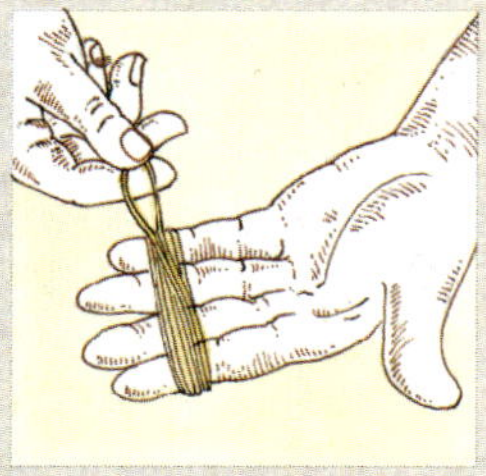

1 Den grünen und orangefarbenen Faden mehrmals um die Finger der flachen Hand wickeln. Je öfter Sie wickeln, desto dicker wird die Quaste.

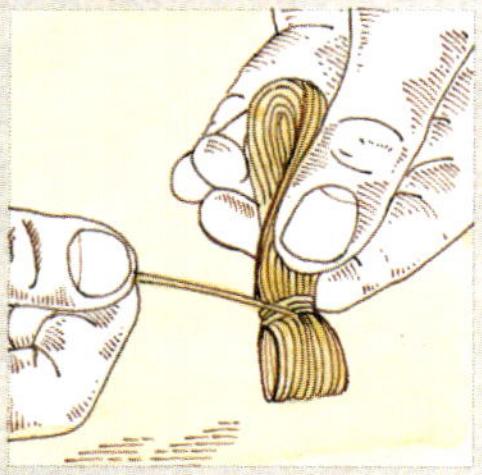

2 Die Wicklung von den Fingern gleiten lassen und ein Drittel der Gesamtlänge mit einem Faden in Orange abbinden, den Faden einstecken.

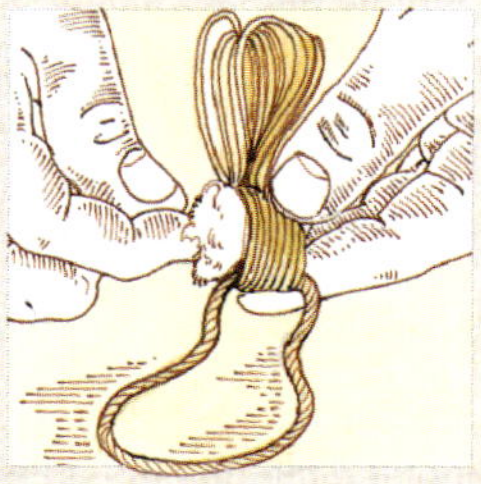

3 Zur Verstärkung der abgebundenen Kopfschlaufe mit einer stumpfen Nadel etwas Watte hineinstopfen, gleichmäßig verteilen und mit dem Garn rundherum verbergen. Jetzt auch die Goldkordel einfügen, verknoten und den Knoten in der Kopfschlaufe verstecken.

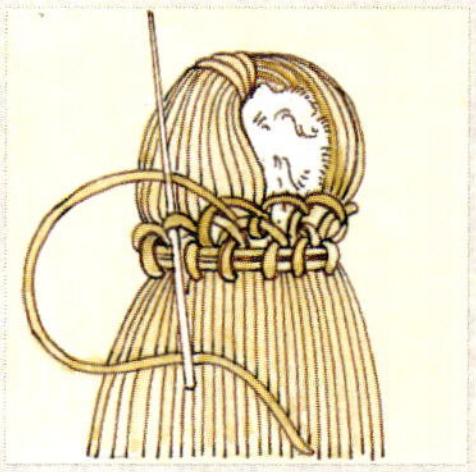

4 Mit einem orangefarbenen Faden im Languettenstich um den Quastenkopf herum arbeiten und bei jeder Reihe in die vorige Reihe einstechen. Beim Erreichen der Schlaufenspitze nimmt die Zahl der Languettenstiche ab. Zum Schluß den Faden in der Quaste vernähen.

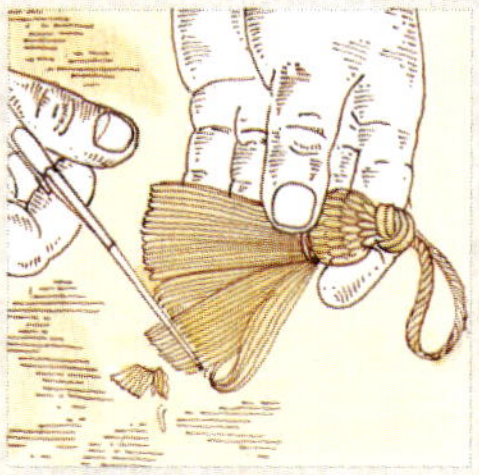

5 Die Kordel am Kopf der Quaste verknoten und die Schlaufe unten aufschneiden, so daß alle Fäden gleich lang sind.

DER BESONDERE SCHLÜSSEL

Für Schlüssel, die keine besondere Bedeutung haben, aber dennoch wichtig sind, ist ein Schlüsselanhänger mit einem feinen Ausschneidebild ideal. Sie sind aus dünnem Sperrholz schnell hergestellt, aber es gibt sie auch fertig in Bastelgeschäften und Eisenwarenläden zu kaufen. Viele nostalgische Motive bieten sich als Verzierung an.

MATERIALIEN

Hölzerne Schlüsselanhänger
Feines Sandpapier
Farbe im Terrakottaton
Pinsel
Nostalgische Blumenmotive
Schere
Tapetenkleister
Pinsel für den Kleister
Polyurethanlack mit Seidenglanz
Lackpinsel

„Man sagt, da hätte es einen Unfall gegeben. Ihr Diener ist in zwei Teile zerstückelt, er ist tot." – „Na so etwas", sagte Mr. Jones, „dann schicken Sie mir bitte die Hälfte, die meine Schlüssel hat."

Grausame Verse für Herzlose von HARRY GRAHAM 1874–1936

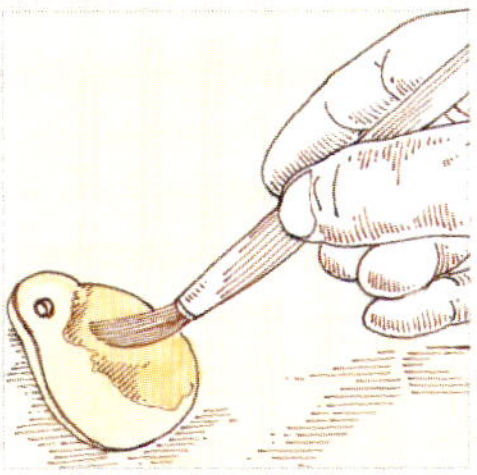

1 Den Anhänger leicht abschmirgeln, damit die Oberfläche ganz glatt wird. Zwei Farbschichten auftragen und trocknen lassen.

Ein goldener Schlüssel kann jede Tür öffnen.
Englisches Sprichwort

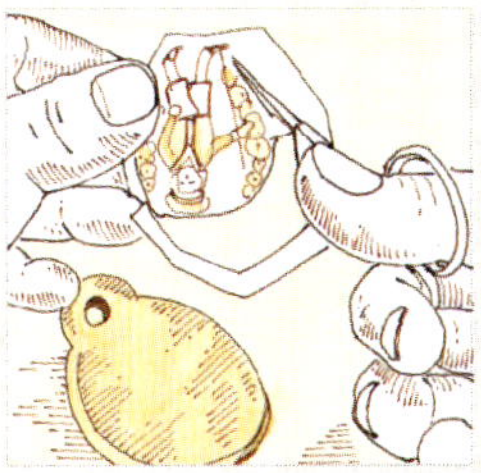

2 Die Motive sorgfältig ausschneiden. Die Fläche des Anhängers einkleistern und jedes Motiv fest in der Mitte aufsetzen, dann mit den Fingern glattstreichen, damit keine Luftblasen entstehen. Vollständig trocknen lassen.

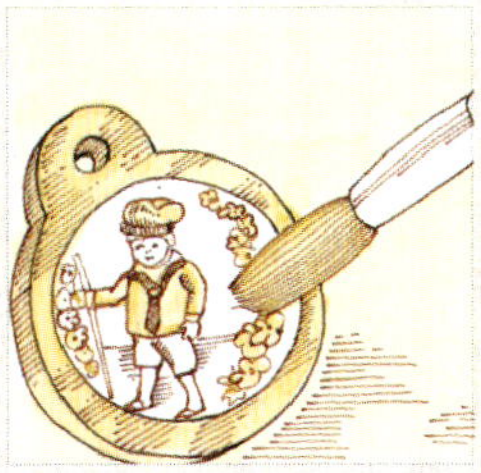

3 Zum Schutz mindestens drei Lackanstriche auftragen. Wenn das Aussehen ganz antik wirken soll, den Lack mit einer winzigen Menge Umbraölfarbe versetzen.

ROSENKNOSPENHERZ

IN DEN LANGEN, kalten Wintern ohne frische Blumen haben die Menschen damals Sommerblumen hübsch arrangiert, die schon im Sommer gepflückt und getrocknet wurden. Gute Floristen bieten Trockenrosen und -knospen an, die Sie natürlich auch selbst pflücken und trocknen können. Wenn diese bezaubernden kleinen Knospenherzen mit Rosenöl angereichert und dann in den Wäscheschrank gelegt werden, verströmen sie dort berauschenden Duft, der so sehr an einen englischen Garten erinnert.

MATERIALIEN

Etwa 25 kleine rosafarbene, geschlossene Rosenknospen
5 leicht geöffnete tiefrosa Knospen
Ätherisches Rosenöl
50 cm biegsamen Draht, ideal ist Blumendraht
Zangen mit langen Greifern
Je 50 cm langes hell- und dunkelrosa Chiffonband

... dann will ich kein Capulet mehr sein, Liebste ... Was ist ein Name? Wenn die Rose nicht Rose hieße, dann würde sie unter einem anderen Namen ebenso süß duften.

Romeo und Julia
WILLIAM SHAKESPEARE,
1564–1616

1 *Alle Rosenknospen kommen in eine kleine Schale und werden mit dem Rosenöl tropfenweise besprengt.*

2 *Die Drahtenden werden im oberen Teil herzförmig zusammengebogen.*

3 *Auf einer Herzhälfte den Draht behutsam durch die dickeren Knospenböden fädeln, nach vier oder fünf kleineren Knospen jeweils eine größere aufnehmen. Auf diese Weise eine Hälfte des Drahtherzens vollenden.*

4 *Die andere Hälfte wird mit der gleichen Anzahl Knospen bestückt und der Draht anschließend mit der Zange fest zusammen verdreht.*

5 *Das Band doppelt über die Drahtverbindung ziehen und die Knospen so arrangieren, daß die Böden nach innen gerichtet sind und die Knospenspitzen sämtlich von vorn zu sehen sind.*

ROSETTE

Mit Nadel und Faden ein 15 cm langes, zartes Spitzenband zu einer Rosette zusammenziehen, diese in die Herzmitte über der Drahtverbindung nähen. Eine kleine Rosenknospe in der Rosettenmitte bringt die letzte Vollendung. Hängen Sie das Herz als Dekoration an die Schlafzimmerwand oder an die Garderobe oder über den Drahtgriff des Kleiderbügels, der Ihr Lieblingskleid trägt.

H A A R K Ä M M E

WIE ZU ALLEN Zeiten war man auch im 18. und 19. Jahrhundert sehr modebewußt. Kämme, Bänder, Spitzen und Hüte wurden mit größter Sorgfalt zur Kleidung passend ausgewählt. Diese schönen, schleifenverzierten Haarkämme sind teilweise den damaligen Vorbildern aus den Modejournalen direkt nachempfunden.

MATERIALIEN

1 flacher Knopf, ca. 2,5 cm breit
30 cm drahtverstärktes Band in Regenbogenfarben, 4 cm breit
Nadel
Faden
85 cm Band in einem matten, rostfarbenen Orange, 4 cm breit
40 cm changierendes Seidenband in Orange, 5 cm breit
Haarkamm mit zwei langen Zinken
Blumendraht

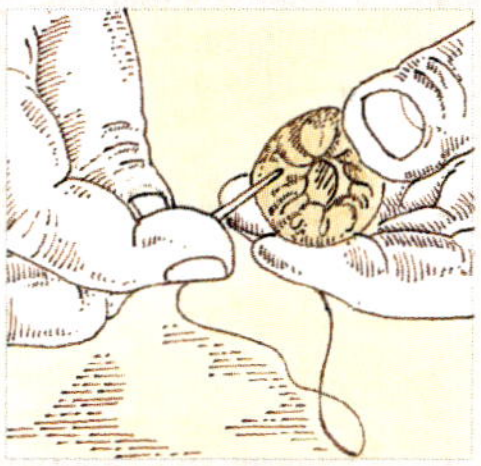

1 Den Knopf auf ein 4 cm langes Stück des Regenbogenbandes legen. Auf der Rückseite des Knopfes die Bandkanten zusammenfassen und mit Nadel und Faden sauber zusammennähen.

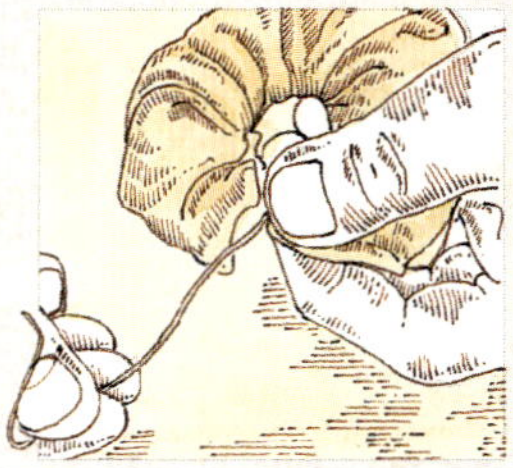

2 Das übrige Regenbogenband zu einer Rosette zusammenfassen. Dafür wird der Draht an einem Ende festgehalten und der Stoff über dem Draht in der Kante zusammengeschoben. Das lose Drahtende sichern und den Knopf auf die Rosette nähen.

Wenn Sie diese einfache Banddekoration einmal gemacht haben, versuchen Sie doch auch eine Zusammenstellung von gemusterten und ungemusterten Bändern. Verwenden Sie Schleifen und Pompons, oder nehmen Sie bunte Federn, wenn Sie ein wirklich extravagantes Design wünschen.

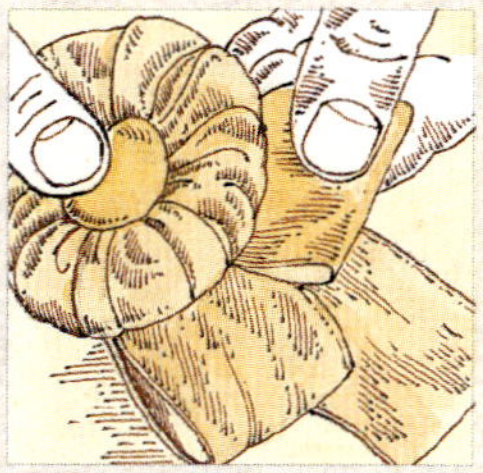

3 Das Band in rostfarbenem Orange in drei Schlaufen legen. Die mittlere Schlaufe, die hinter den beiden anderen plaziert wird, muß 3 cm länger sein. Hinter der Rosette annähen.

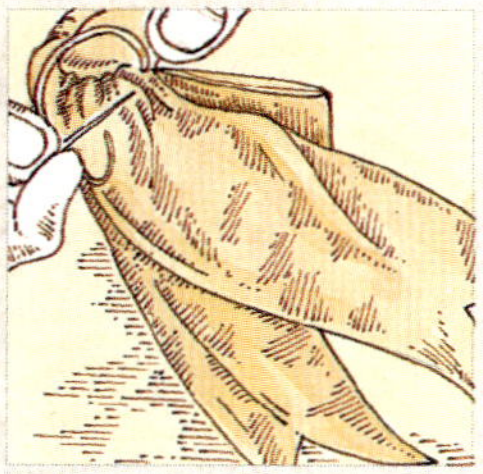

4 Das changierende orangefarbene Seidenband zur Hälfte legen und hinter den drei anderen Schlingen annähen, die Enden gehen etwas auseinander und werden V-förmig eingeschnitten.

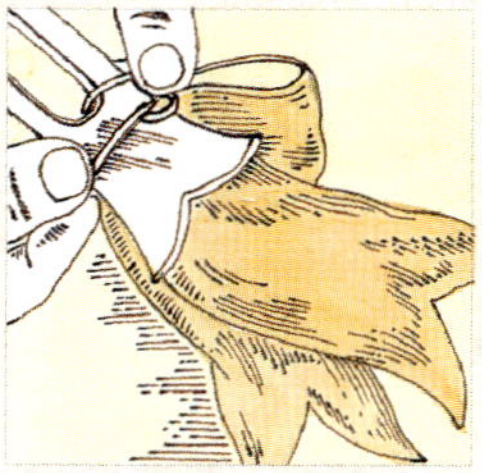

5 Diese Bandverzierung kann nun an den Kamm genäht werden, falls entsprechende Löcher vorhanden sind, anderenfalls ist eine Befestigung mit feinem Blumendraht wahrscheinlich einfacher.

6 Den Draht zwischen die beiden kurzen Schlaufen und die eine längere Schlaufe des rostfarbigen Orangebandes legen und dreimal um die Spitze des Kammes winden, die Drahtenden zur Sicherung miteinander verdrehen und verstecken.

Nur Gott,
mein Liebstes,
Könnte dich
lieben
Um deiner selbst
willen
Und nicht wegen
deines Haares
gold'nen Glanzes.

Oedipus zu Colonus
W. B. YEATS
1865–1939

O S T E R E I E R

DAS EI ist ein starkes Symbol für Schöpferkraft, so daß die Verzierung von Ostereiern zur universalen christlichen Tradition wurde. In Mitteleuropa bekommen echte Eier auf verschiedene Weise ganz herrliche Dekorationen; sie werden geätzt, gebatikt, graviert oder mit Perlen geschmückt, jedes Ei trägt daher die Persönlichkeit seines Schöpfers.

MATERIALIEN

Ein großes Osterei aus Papiermaché
Viele glitzernde Bonbonpapiere
Schere
PVA-Klebstoff, etwas verdünnt
Kleiner Pinsel
1 m Goldband, 2,5 cm breit
1 m Goldband, 1 cm breit

Das hier verwendete Ei aus Papiermaché ist leicht erhältlich. Es wurde patchworkartig mit glitzerndem Bonbonpapier bedeckt und mit einer pompösen Schleife zusammengebunden, damit der verlockende Inhalt nicht herausfällt.

Wenn die Liebe zu Ostern erklärt wird, folgt die Hochzeit im Mai.

Englisches Sprichwort

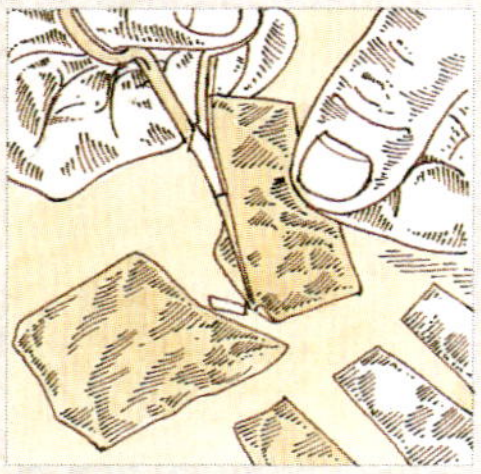

1 Die Papierstreifen gleichmäßig lang zuschneiden, aber an einem Ende breiter als am anderen. Bestimmen Sie vor dem Kleben die Reihenfolge der Farben, wobei die Papierstreifen nicht bis zur Mitte des Eis reichen müssen.

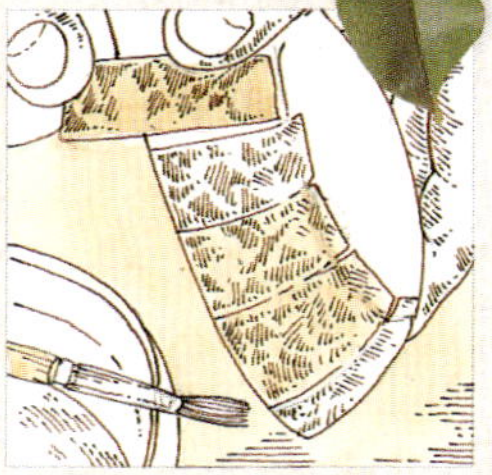

2 An einer Seite des Eis beginnen. Die zu bedeckende Fläche wird mit dem PVA-Kleber bestrichen, die Papierstreifen werden aufgeklebt und am offenen Rand etwas nach innen umgebogen. Auf diese Weise um das Ei rundherum arbeiten, fest andrücken, damit es keine Falten oder Knitter gibt.

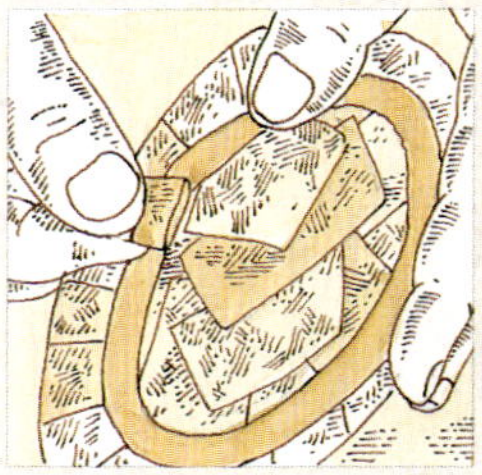

3 Weitere Papierschnipsel in ovaler Anordnung patchworkartig auf die Eimitte kleben und dieses Oval mit dem breiten Goldband umschließen. Die zweite Hälfte des Papiereies ebenso verzieren.

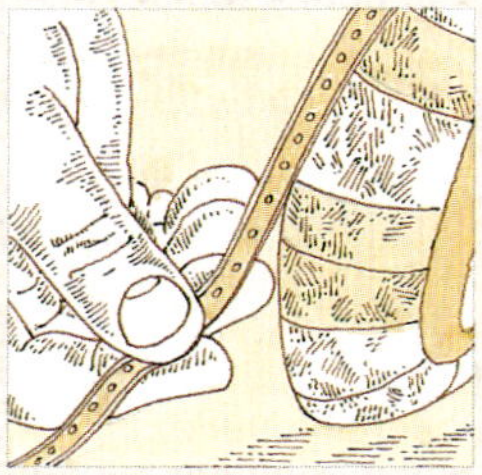

4 Den Rand jeder Eihälfte mit dem engeren Goldband bekleben. Das Ei mit köstlichen Ostersüßigkeiten füllen und mit einer schönen, schimmernden Goldschleife zusammenhalten.

Hausfrauen wissen es schon seit langem: Eier werden am besten konserviert, indem das kleine Ende mit der Spitze nach unten zeigt.

Ratgeber für Hausfrauen
1894

Der Brauch, Ostereier aus Schokolade zu Ostern zu schenken, wurde im 19. Jahrhundert von Deutschland aus in England eingeführt, wie so viele andere bezaubernde Sitten auch. Zu dieser Zeit waren die eierförmigen Behälter aus erlesenem Papiermaché groß im Handel. Sehr oft erschienen sie mit Ausschneidebildern, die österliche Themen zeigten. Ein Lieblingsmotiv war der Osterhase. Die eiförmigen Behälter waren mit verschiedenen Schokoladeneiern gefüllt und wurden am Ostersonntag den Kindern als Geschenk überreicht.

VALENTINSKARTEN

IN FAST JEDEM Haushalt fand sich zur Viktorianischen Zeit das Buch von der Sprache der Blumen – The Language of Flowers – ein sehr geschätztes und nützliches Büchlein, das sehr großzügig gedeutet wurde. Nicht nur frische Blumen, sondern auch Blumenbilder wie auf den Valentinskarten enthielten ihre eigene symbolische Bedeutung. Am häufigsten trugen folgende Blumen ihre Botschaften zwischen den Liebenden hin und her: Rosen, Stiefmütterchen und Maiglöckchen.

Eine Rose symbolisierte Liebe,
ein Stiefmütterchen sagte: „Ich denke
an dich“, das Maiglöckchen bedeutete:
„Das Glück kehrt zurück“.

MATERIALIEN

Goldfarbenes Zierdeckchen
Große Schere
Papierklebstoff
Dunkelrosa Karton
Zickzackschere
Nostalgische Blumenbilder, geprägt
Kleine spitze Schere
Blaßrosa festes Papier
12 rosa Pailletten
Bastelmesser
Etwa 1 m Goldband
Rosa Papierspitze

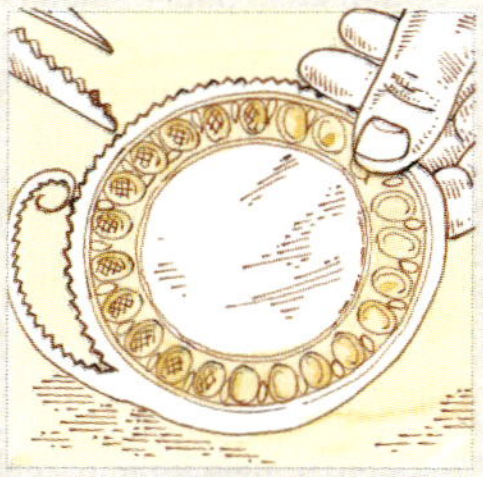

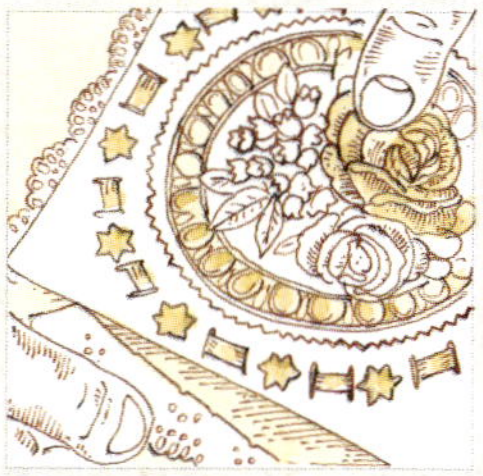

1 Aus der Mitte des Golddeckchens einen Ring herausschneiden und mit dem Papierkleber diesen Ring auf einen etwas größeren Kreis aus dem dunkelrosa Karton kleben. Mit der Zickzackschere diesen größeren Kreis rundherum verzieren.

2 Mit der kleinen scharfen Schere das nostalgische Motiv behutsam ausschneiden und sorgsam in die Mitte des Ringes kleben. Diesen Kreis nun auf das blaßrosa Papier kleben, das ein Quadrat von 14 cm Seitenlänge haben soll. Um das Motiv in der Mitte 12 Pailletten gleichmäßig anordnen und festkleben.

3 Mit dem Bastelmesser zwischen die Pailletten je einen Schlitz in Bandbreite einschneiden. Das Goldband unter den Pailletten hindurch und durch die Schlitze führen und oben an der Karte zu einer Schleife binden. Die Einfassung mit der Papierspitze bilden, die außen am rosa Quadrat angeklebt wird.

*Nimm diese Wünsche von deiner Liebsten,
mögen dir niemals beständige Freunde fehlen,
Gesundheit, Reichtum und Glück sollen dir
hold sein, und wenn du willst, meine Valentine,
habe ich noch einen großen Wunsch, daß wir
uns eines Tages begegnen und dann niemals
wieder auseinandergehen.*

INSCHRIFT AUF EINER VALENTINSKARTE VON 1840

VALENTINSGEDICHT

*Sag nein, sag ja
Sag ja, sag nein,
Liebst du mich, liebe Valentine?
Ich lieb' dich, komm
Und werde mein.*

*Ich hörte deine Stimme heut,
Die gar so sehr mein Herz erfreut,
Denn ich weiß es, du wirst mein,
Liebe, süße Valentine.*

*Die Blumen halten hier ein Fest,
Sie sind so schön zu sehn,
Weit schöner aber für mich ist,
Mit Dir durchs Leben zu gehn.*

VIKTORIANISCHES VALENTINSGEDICHT,
DICHTER UNBEKANNT

ROSEN UND ORANGEN

DIESE REICHHALTIGE und üppige Pyramide, die sich abwechselnd aus kleinen Orangen und tiefroten Trockenrosen schichtweise aufbaut, wird Ihre Gäste begeistern und erfreuen. Zu besonderen Anlässen kommt die Pyramide vielleicht in die Mitte der Speisetafel, oder sie findet einen Platz bei den Nachspeisen, die auf der Kommode oder Anrichte darauf warten, serviert zu werden.

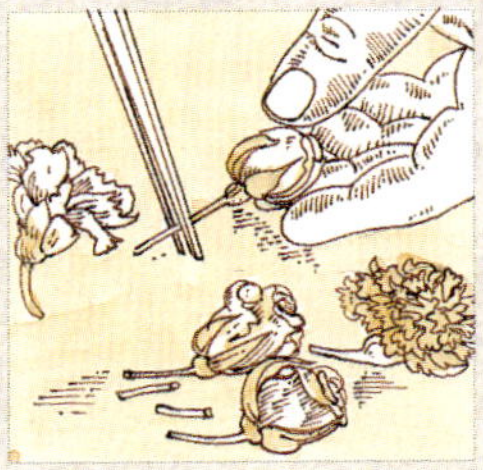

1 Von sämtlichen Trockenblumen die Stengel bis auf 2 cm Länge kürzen.

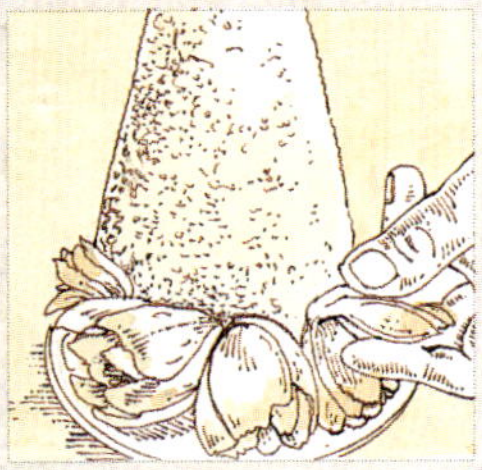

2 Den Steckschaumkegel in die cremefarbene Schale stellen und unten um den Kegel herum eine Reihe Pfingstrosen sanft, aber fest einstecken.

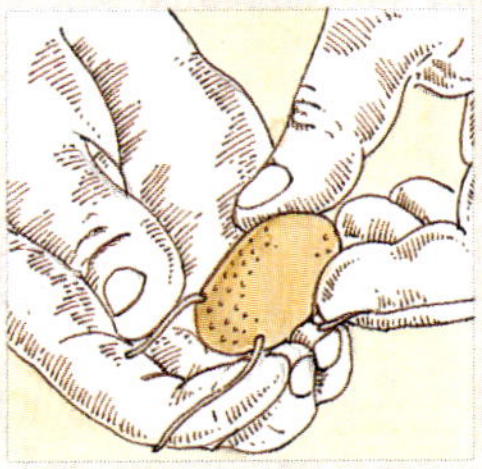

3 Blumendraht in etwa 10 cm lange Stücke zurechtschneiden und diese durch die Kumquats an einem Ende hindurchstechen, die Drahtenden zusammenbiegen und in die Steckmasse stechen, damit die Kumquats fest über den Pfingstrosen sitzen.

MATERIALIEN

Sträuße von getrockneten Studentenblumen, dunkelroten und zinnoberroten Rosen und rosa Pfingstrosen
Cremefarbene Schüssel mit Fuß
Kegel aus Steckmasse, 25 cm hoch
Starker Blumendraht
500 g frische Kumquats

Meine Liebe ist wie eine
rote, rote Rose,
Frisch im Juni aufgeblüht.
Meine Liebe ist wie eine Melodie,
Die lieblichzart erklingt in Harmonie.

Eine Auswahl schottischer Lieder II 1794,
ROBERT BURNS 1759–1796

4 Eine Schicht zinnoberrote Rosen zufügen, dann eine Reihe Studentenblumen und Pfingstrosen, darauf eine weitere Reihe tiefroter Rosen.

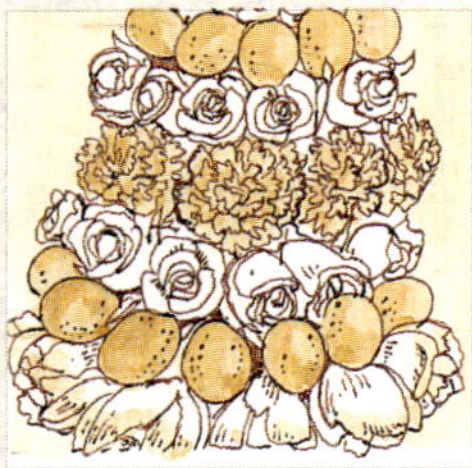

5 Eine zweite Reihe Kumquats hinzufügen und danach abwechselnd Reihen unterschiedlicher Blumen aufeinandersetzen.

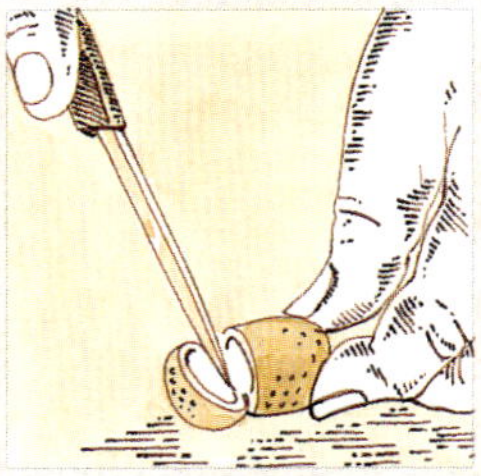

6 In der Nähe der Pyramidenspitze eventuell die Enden der Kumquats abschneiden, bevor der Draht hindurchgezogen wird, damit sie nicht über den Blumen hervorragen.

7 Mit den einzelnen Schichten abwechselnd weiterbauen, die Spitze bildet eine einzelne Kumquat.

DUFTKUGELN

DIESE BEZAUBERNDEN Abwandlungen der bekannteren nelkenbespickten Orangenkugeln sind schnell und einfach anzufertigen. Am besten kommen sie zur Geltung, wenn sie in einer hübschen Porzellanschüssel zusammengestellt sind. Eine köstliche Mischung aus dem Duft von Gewürzen und Blumen entsteht, wenn die Kugeln auf einem Bett von ganzen Nelken liegen.

1 Die kleinen rosa Rosenknospen einzeln dicht an dicht in die Steckschaumkugel schieben, daß kein Schaum mehr dazwischen zu sehen ist.

2 In regelmäßigen Abständen eine einzelne weiter geöffnete, tiefrote Knospe dazwischenstecken.

3 Auf diese Weise die Kugel vollständig und gleichmäßig bedecken.

4 Wenn die Kugel vollgesteckt ist, einige Tropfen Rosenöl darüber verteilen.

MATERIALIEN

Steckschaumkugeln unterschiedlicher Größe, die größte hat einen Durchmesser von 10 cm
Eine große Menge kleiner rosa Rosenknospen (gewöhnlich werden sie nach Gewicht verkauft)
Eine kleinere Menge dunkelroter, gelber und dunkelrosa halbgeöffneter Rosenknospen
Ätherisches Rosenöl

Arrangieren Sie einmal verschiedenfarbige Rosenknospen in Mustern um die Steckschaumkugel, wählen Sie auch einmal eine Kombination mit anderen getrockneten Gartenblumen.

ROSENDUFTKISSEN

DIESE ENTZÜCKENDEN kleinen Kissen mit Rosenduft werden ihr feines Parfüm auf die frischgewaschene Wäsche übertragen, wenn sie in der Kommode zwischen die Wäschestücke gelegt werden. Bei dem viereckigen Kissen ist das Rosenmotiv in der Mitte geschickt von einem Kranz aus Spitze umrahmt worden.

MATERIALIEN

3 Streifen feiner Baumwollstoff, je 20 cm lang und mit unterschiedlichem Rosenmuster bedruckt
Nadel
Faden
Potpourri mit Rosenduft
Eine Auswahl von Spitze für die Randverzierung, etwa 60 cm für jedes Kissen
Ein Band in Grau mit Drahtverstärkung, ein Satinband in Mattrosa und ein Seidenband in gelblichem Rosa (oder Fuchsienrosa) zur Verzierung

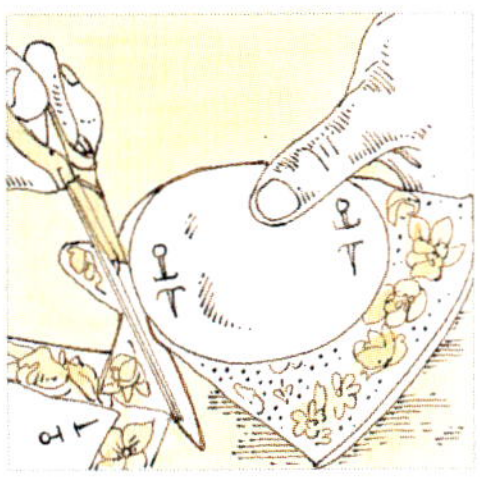

1 In die Baumwollstreifen je 2 identische Kreise, Quadrate und Rauten schneiden, nicht breiter als 10 cm.

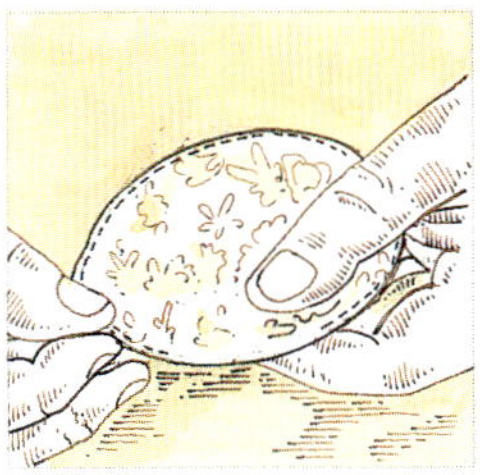

2 Die Teile rechts auf rechts mit Hand oder Maschine rundherum bis auf eine kleine, 4 cm große Lücke zusammennähen.

3 Die rechten Seiten der Kissen nach außen wenden und behutsam mit dem Potpourri füllen. Die Lücke im Saum sauber zunähen.

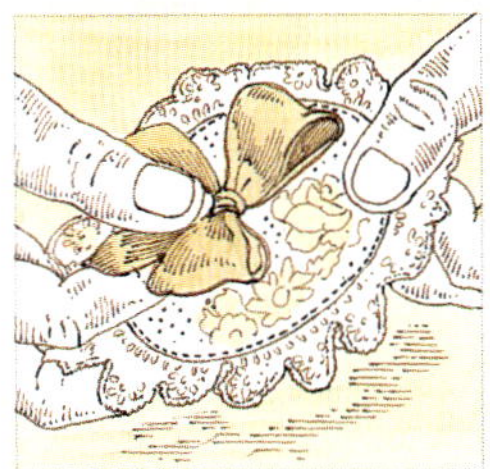

4 Mit Handstichen die Spitze um die Kissen herum annähen, dabei besonders auf die Ecken achten. Bei dem runden Kissen wird die Spitze eingehalten. Zum Schluß kleine, eng gebundene Schleifen annähen.

LAMPENSCHIRM

BIS IN DIE achtziger Jahre des 19. Jahrhunderts wurden die Wohnungen durch trübe Gaslampen, Kerzen oder die traditionellen Öllampen erleuchtet. Zu dieser Zeit wurde der herrlich leuchtende Gasglühstrumpf entwickelt, dem bald das so wunderbar scheinende elektrische Licht folgte. Diese aufregende Erfindung führte zu einer grundlegenden Veränderung im Schmücken des Heims, denn ab jetzt brauchten die Möbel sich nicht mehr um eine trübe Lichtquelle zu drängen. Es tauchte ein neuer, einfacher und weniger gedrängter Stil im Hause auf, der in die Richtung des Kunstgewerbes führte. Dieser sonnige, narzissengelbe Lampenschirm wurde einfallsreich mit Rosenmotiven aus Spitze verziert, die sonst als Applikationen in der Schneiderei verwendet werden; man findet sie fast überall in guten Kurzwarengeschäften. Der Abschluß mit einer Fransenborte verleiht dem Schirm eine sehr viktorianische Qualität.

MATERIALIEN

Ein kleiner, gelber Lampenschirm aus Stoff,
15 cm hoch, der obere Durchmesser beträgt 10 cm,
der untere 25 cm
4 oder mehr (je nach Größe) Rosenmotive
aus Spitze
Stoffkleber
1 m mattweiße Satinlitze mit Fransen
50 cm passende Borte für den oberen Rand

Wie verhindern wir das Qualmen einer Lampe?
Tränke den Docht mit starkem Essig,
und lasse ihn vor Gebrauch gut trocknen,
die Flamme brennt dann hell und klar.

RATGEBER FÜR HAUSFRAUEN 1894

Behandle deine Freunde wie
deine Bilder, stelle sie ins beste Licht.

JENNIE JEROME CHURCHILL
Mutter von Winston Churchill

DER LAMPENANZÜNDER

Die Einrichtung der Straßenbeleuchtung war im Leben des 19. Jahrhunderts eine segensreiche Neuerung. Bei Dämmerung wurden die Gaslampen vom Lampenanzünder angesteckt, der eine geachtete Person war und durch seine Gegenwart kriminelle Elemente abschreckte. Bei Tagesanbruch pflegte er die Lampen wieder zu löschen, und der Chor der Vögel begleitete ihn dabei.

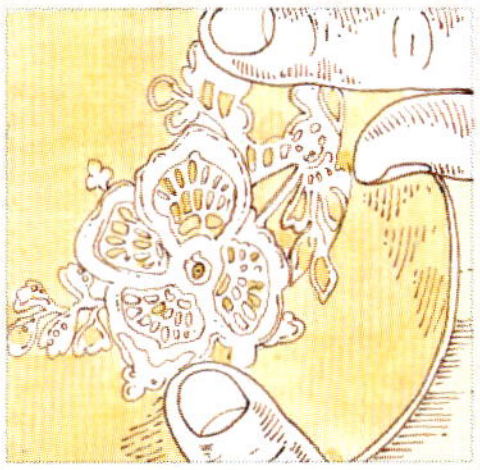 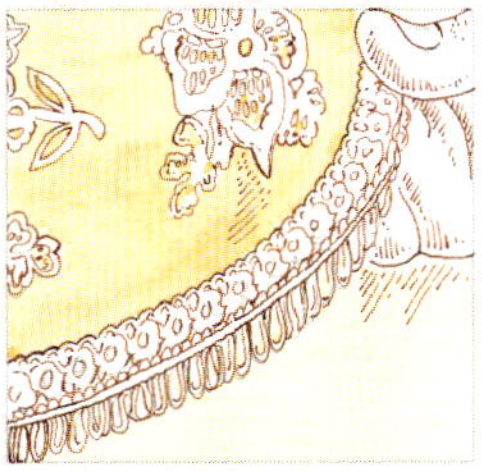

1 *Die Spitzenmotive gleichmäßig um den Schirm herum anordnen. Mit ein wenig Stoffkleber vorsichtig ankleben. Er läßt sich leicht entfernen, wenn etwas falsch angeklebt wurde.*

2 *Für die untere Kante die Fransenborte auf die richtige Länge schneiden, wobei sich die Enden geringfügig überlappen sollten, damit eine akkurate Nahtstelle zustande kommt. Sehr gleichmäßig den unteren Rand bekleben und die Fransen herunterhängen lassen.*

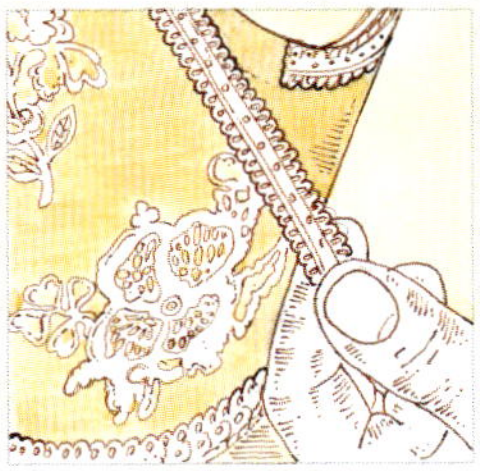

3 *Die für oben passende Litze zuschneiden und mit dem Stoffkleber ankleben. Besonders sorgfältig an der Stelle arbeiten, wo die beiden Enden zusammentreffen. Etwas zusätzlicher Klebstoff verhindert das Ausfransen.*

Das beste Lampenöl, sei es tierisch,
pflanzlich oder mineralisch,
ist klar und beinahe farblos wie Wasser.

Ratgeber für Hausfrauen
1894

Der letzte Tag im September, unermeßlich kalt, schon ein erster Vorbote des nahenden Winters ... Lies das nicht. Hörst du den Zug pfeifen und nun die Blätter, die trockenen Blätter, und nun das Flattern der Flammen und Knacken des Feuers ... Warum bringt sie nicht die Lampen?

KATHERINE MANSFIELD
Hampstead 30. SEPTEMBER 1918

BILDERRAHMEN

DIE VIKTORIANISCHE Leidenschaft für Schottenstoffe wurde genährt durch die Liebe der Königin Viktoria zu Schottland und zu allem, was schottisch war. Man sammelte Souvenirs, Bilder und alle möglichen Ornamente im schottischen Stil. Der Schottenstoff wurde überall zu Hause als Dekoration verwendet; als Farbanstrich oder als bedrucktes Papier, es wurden damit Bilderrahmen, Nähkästchen, Schmuckkästchen und viele andere Gegenstände verziert. Er war beliebt bei Hutmachern und Schneidern; oft wurden Schottenmuster und -bänder sogar in die feinste Seide eingewebt. Auch heute noch mögen wir Bänder im Schottenmuster, und die hier abgebildeten Bilderrahmen sind kräftig mit solchen Bändern und Rosetten dekoriert worden.

MATERIALIEN

Quadratischer Bilderrahmen mit 15 cm Seitenlänge und einer 4,5 cm breiten, flachen Vorderseite
Dunkelgrüne Farbe
Pinsel
1 m Schottenband, 3,5 cm breit
Schere
Doppelseitiges Klebeband
80 cm drahtverstärktes purpurfarbenes Band, 2,5 cm breit
Lederreste
Zickzackschere
4 Ziernägel
Hammer

Hängen Sie doch einmal eine Gruppe zusammengehörender Bilderrahmen mit Schottenmuster auf. Bei dem oben abgebildeten kleineren Rahmen wurde schmaleres Band verwendet, und die Ecken sind mit einzelnen Polsternägeln markiert worden. Der Rahmen im Hauptbild rechts wurde vollständig mit Schottenstoff bedeckt und mit einer pflaumenfarbigen Litze betont, die in jener Zeit äußerst beliebt war.

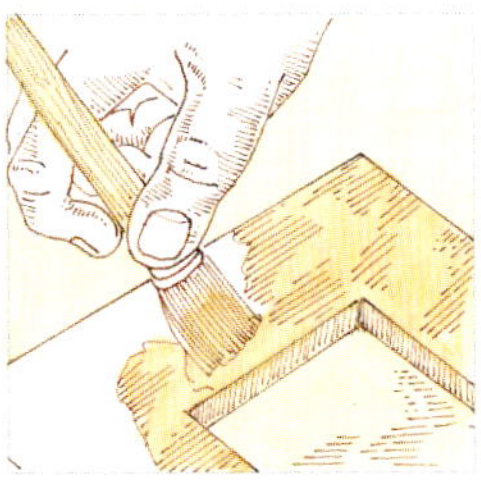

1 Zwei Schichten dunkelgrüne Farbe auf den Rahmen auftragen und jeweils trocknen lassen.

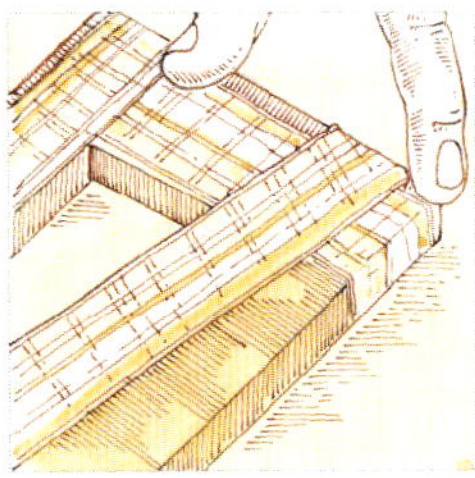

2 Schneiden Sie das Schottenband in vier Streifen, jeden so lang, daß er auch um die Rückseite herumreicht und das andere Ende um 2 cm überlappen kann. Das doppelte Klebeband auf den Rahmen legen, wo das Schottenband hinkommt. Das Band straffen und auf das Klebeband drücken, dann über die Kanten zur Rückseite wenden und auf der Rückseite befestigen. Alle vier Seiten auf diese Weise vervollständigen.

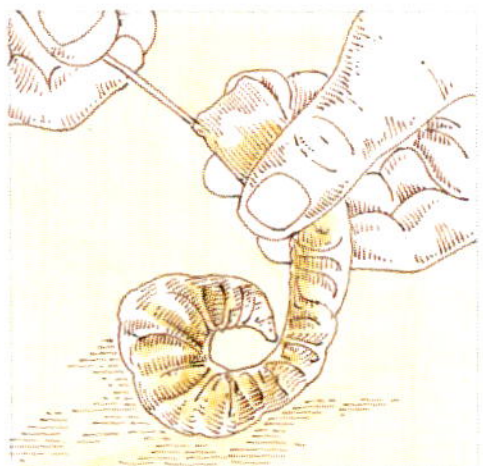

3 Das purpurrote Band in vier Streifen zu je 20 cm Länge schneiden. Den Draht, der durch die Kante läuft, an einem Ende festhalten und mit der anderen Hand das Band auf diesem Draht zur Rosette zusammenschieben. Die Drahtenden sichern, damit die Fältchen der Rosette zusammengezogen bleiben, die Enden der Rosetten auf die Rückseite biegen und die Naht in den Fältchen verstecken. Auf diese Weise vier Rosetten bilden.

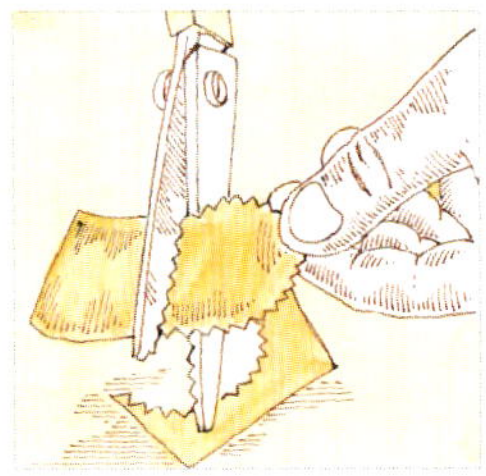

4 Mit der Zickzackschere aus dem Leder vier kleine Kreise von je drei cm Durchmesser schneiden.

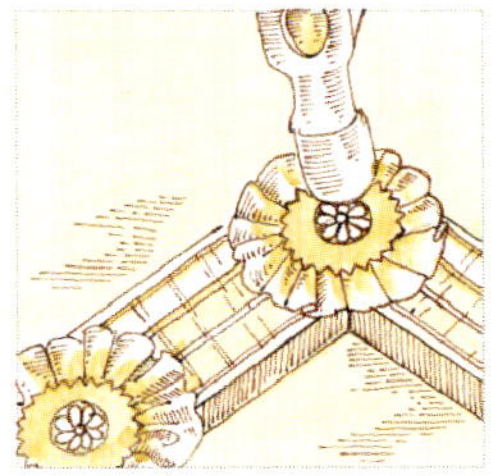

5 Die Rosetten auf jede Ecke des Rahmens verteilen und den Ziernagel durch die Mitte des Lederstückes und der Rosette festhämmern.

Hüten Sie sich davor, bei der Verzierung kleiner Rahmen zuviel des Guten zu tun, damit der Blick nicht zu sehr vom Bild selbst abgelenkt werde.

SOMMERHUT

DIE DAMENMODE war zu jener Zeit von größter Wichtigkeit, und die weibliche Oberschicht besaß für jede Saison und für jede sich bietende Gelegenheit eine passende Kopfbedeckung. Oft waren diese Hüte erstaunlich vielfältig verziert. Der Schmuck bestand aus Bandschleifen, Rosetten, Federn, Litzen, ja sogar frische Blumen wurden verwendet. Der hier gezeigte schöne alte Strohhut wurde elegant angereichert mit einem Reif aus weißem Taftband und einer Fülle hübscher Rosen aus drahtverstärktem Band. Um den matten Effekt von Zentifolien, den mehrblütigen Rosen, zu erzielen, wählten wir schattiertes Taftband mit einem dunkleren Farbton an einer Längsseite.

DAS BLEICHEN VON STROHHÜTEN

Waschen Sie sie in reinem Wasser, und bürsten Sie die Hüte mit einer Bürste. Dann stellen Sie sie in einen Kasten, in dem sich eine Untertasse mit brennendem Schwefel befindet. Decken Sie den Kasten zu, damit die Dämpfe die Hüte bleichen können.

Ratgeber für Hausfrauen 1894

Amerikanische Damen, die nach einem Kuß verlangen, nehmen den eigenen Hut ab und setzen seinen Hut auf.

MATERIALIEN

Strohhut mit breitem Rand
1,5 m drahtverstärktes, orangefarbenes Taftband, 4 cm breit
Nadel
Passender Faden
Schere
1 m drahtverstärktes, orangefarbenes Taftband, 7 cm breit
Eine Auswahl drahtverstärkter, schattierter Taftbänder in 7 Farben, und zwar in Rosatönen, Dunkelrot sowie weiteren Rottönen und Orange
Jedes Band ist 50 cm lang und 4 cm breit
1 m bronzefarbenes, drahtverstärktes Taftband, 5 cm breit

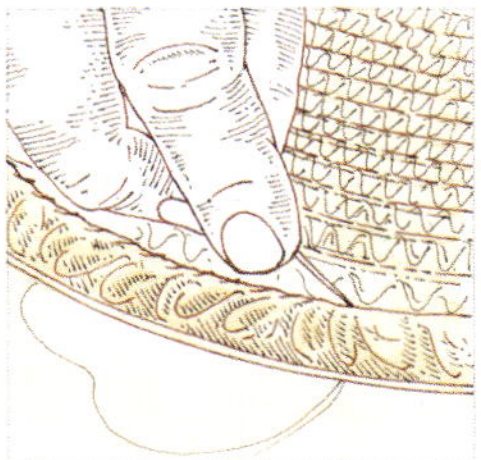
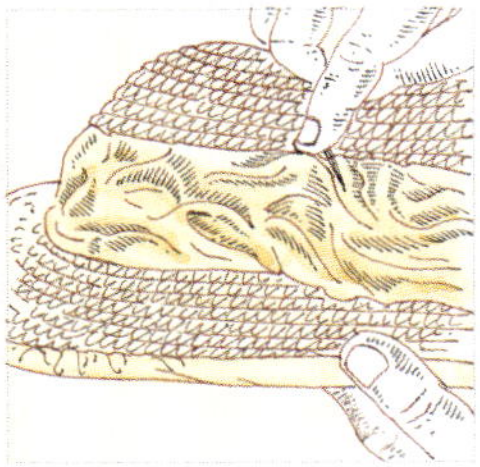
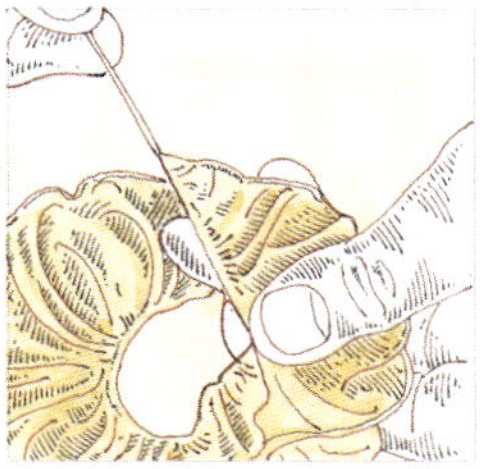
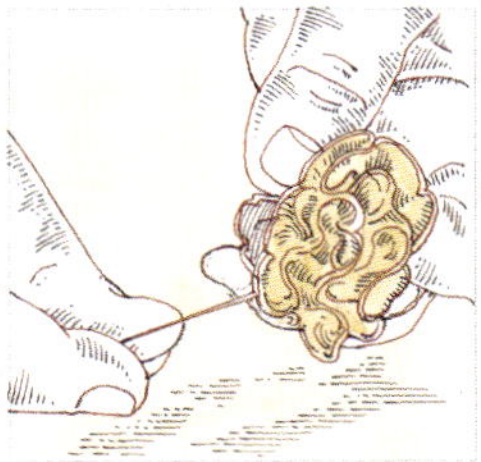
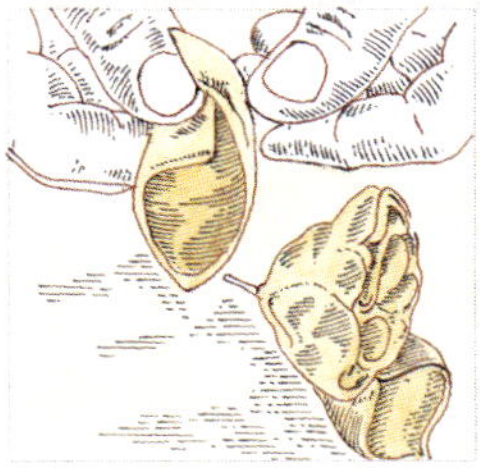

1 Den Hutrand mit dem 4 cm breiten orangefarbenen Taftband einfassen, dafür das Band etwas den Draht entlang leicht zusammenschieben und etwas einhalten, weil es sich dann in der Rundung akkurat festnähen läßt.

2 Das breitere orangefarbene Taftband locker um den Hutkopf nähen. Schieben Sie es etwas zusammen, und befestigen Sie es in großen Abständen mit kleinen Stichen.

3 Ein 50 cm langes Band reicht für eine Rose. Ein Ende des an der Bandkante mitlaufenden Drahtes festhalten und das Band auf dem Draht entlangschieben und einhalten.

4 Das Bandende umknicken und das zusammengehaltene Band um sich selbst herum zur Blütenform wickeln. Mit dem angezogenen Draht die Rose unten zusammenbinden.

5 Aus 15 cm langen bronzefarbenen Bändern Rosenblätter bilden. Dafür die Bänder der Länge nach auf einem Tisch ausbreiten, die linke Hand faßt das linke Ende, die rechte Hand das rechte Ende eines Bandes. Beide Hände verlassen die Bandenden und gehen zur Bandmitte, die Daumen liegen oben auf dem Band. In der Bandmitte jetzt über die Daumen herüber mit den Zeigefingern das Band so umlegen, daß sich eine Spitze zur Tischmitte hin bildet. Das Ganze umdrehen und die unteren Kanten zur Mitte hin falten, mit feinen Stichen unten zunähen und an die Rose annähen. Auf diese Weise die übrigen Bänder zu Blättern verarbeiten. Insgesamt sieben Rosen und Blätter hinten am Hut befestigen, wo sich das zusammengehaltene Band teilt.

ZIERLICHE STEPPDECKE

DIE NEUREICHEN Damen der Mittelklasse des 19. Jahrhunderts, die es sich leisten konnten, Dienstboten zu beschäftigen, durften sich reichlich der Muße erfreuen. Sie übten sich in jeder Art von Hand- und Nadelarbeiten und erreichten allgemein große Geschicklichkeit in mancherlei Techniken. Zu diesen zählten Nadelmalerei, komplizierte Kreuzstichmuster, buntes Patchwork und das Anfertigen von Steppdecken. Die Vielzahl der Frauenzeitschriften zu jener Zeit lieferten Anregungen und Vorlagen für modische feine Handarbeiten wie Nadelschächtelchen, Nadelkissen und Nähkästchen. Die Handarbeitskörbchen jener Frauen – bis heute werden sie gern gesammelt – waren mit allen wesentlichen Utensilien ausgestattet, die eine erfahrene Näherin benötigte. Die hier vorliegende kleine Steppdecke, auf der sich karierte Bänder kreuzen und die mit hübschen Perlmuttknöpfen besetzt ist, gibt einen stilvollen Bezug für ein Nähkörbchen ab.

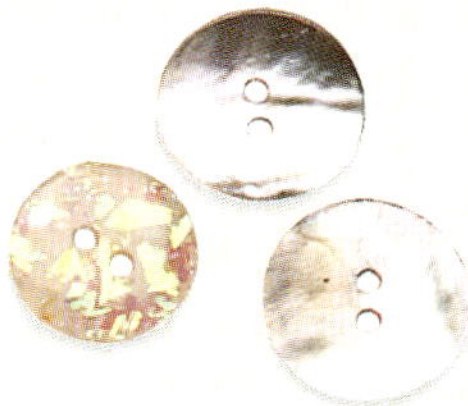

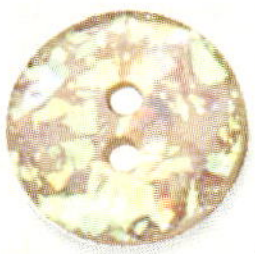

In Deutschland soll ein junges Mädchen als Schutz vor bösen Geistern ein rotes Band um den Kopf tragen, während in England ein Seidenband, um den Hals geschlungen, gegen Krankheiten hilft.

CECILIA CAVENDISH

MATERIALIEN

Leichtes Polyesterwattiermaterial, 45 x 35 cm
Graue Seide, 45 x 35 cm
Grauer Satinbrokat, 45 x 35 cm
Nadel
Garn, passend zu Bändern und Untergrund
3,5 m rosa kariertes Band mit kleinen Mäusezähnchen an den Seiten, 2,5 cm breit
12 schimmernde, gesprenkelte Kunststoffknöpfe, 1,5 cm im Durchmesser
20 Perlmuttknöpfe, 2 cm im Durchmesser
2 m dunkelrosa und schwarzkariertes Band mit Mäusezähnchen, 3,5 cm breit

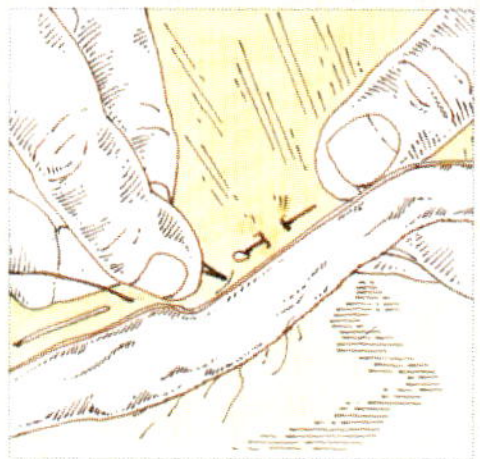

1 Die Polyesterwattierung zwischen die seidene Oberseite und Brokatrückseite der Steppdecke legen und alle drei Lagen locker zusammenheften.

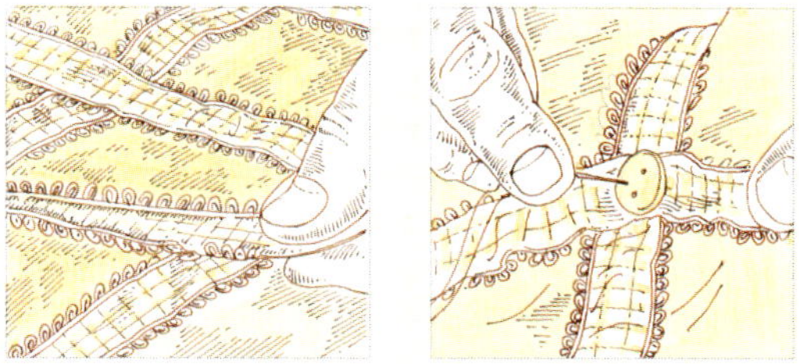

2 Das rosa Band zurechtschneiden und im Gittermuster auf die Decke legen, feststecken, heften und mit Hand oder Maschine festnähen.

3 Auf jeden Punkt, wo sich die Bänder kreuzen, einen schillernden Plastikknopf annähen und in die Mitte eines jeden Quadrats einen größeren Perlmuttknopf annähen.

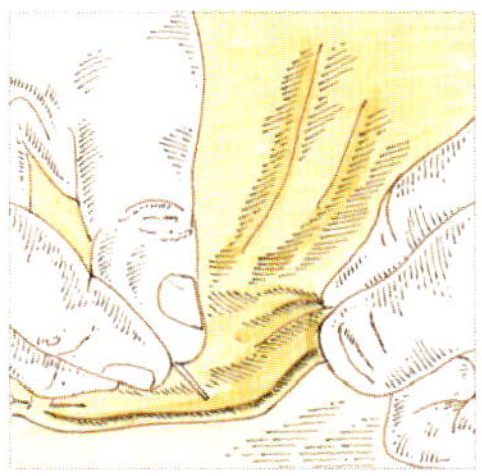

4 Mit Handstichen die Ober- und Unterseite der Decke an der Kante entlang sauber zusammensteppen.

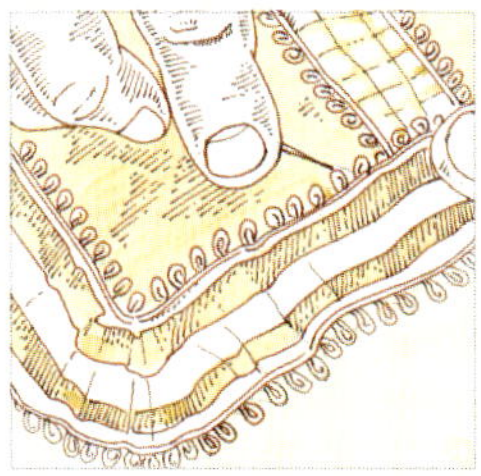

5 Das dunklere Band an der Außenkante der Decke annähen und an den Ecken in drei Fältchen legen, damit es flach liegt. Mit schwarzem Garn sauber annähen und die Enden unsichtbar miteinander verbinden, entweder überlappend auslaufen lassen oder auf die Rückseite gewendet zusammennähen.

GLASTELLER

LIEBHABER DES Ausschneidens waren sehr darauf bedacht, immer neue Techniken zu erfinden. Auch heute noch gibt es gelegentlich Beispiele, wie dieser speziell viktorianische Glasteller, dessen Bilder unter dem Glas aufgeklebt worden sind. Der Vorgang läuft von der Rückseite nach vorn ab: Der Klebstoff wird vorn auf das Papiermotiv geklebt, die Farbe kommt hinten auf das Papier und damit auf die Rückseite des Glases, so daß das Ganze durch die schimmernde Glasfläche scheint.

Des Sommers letzte Rose
Blüht einsam zum zärtlichen Gruße;
All ihre Schwestern längst
Vergangen schon sind;
Bald auch sie, ach, zu welken beginnt,
Keine Knospe herrlich anzusehen,
Lange Zeit wird in Blüte stehn,
Kein Balsam, der duftend verstömt,
Mir des Lebens Schwermut verschönt ...

Irische Melodien 1821,
THOMAS MOORE 1779–1852

MATERIALIEN

Glasplatte oder -teller
Nostalgische Valentinsbilder
Kleine Schere
PVA-Klebstoff, mit Wasser verdünnt
Pinsel für den Klebstoff
Rosa Farbe
Farbpinsel
Polyurethanlack
Lackpinsel

LIED

Frisch ist ihre Haut wie Rosentau
Ihre Augen wie der Himmel so blau
Und ihre Schönheit, sie ist mein,
Solang ihr Herz schlägt
Sanft und rein

Ihre Wangen sind wie Rosen
Ich möcht sie sanft liebkosen,
Und wenn sie mich einmal verläßt
Ihre Schönheit mich nie mehr losläßt

JOHN CLAIRE 1793–1864

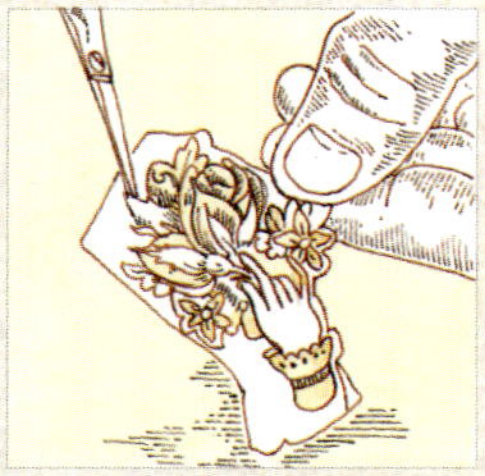

1 Sorgfältig sieben nostalgische Valentinsmotive ausschneiden, nach Form und Größe zur Glasplatte passend.

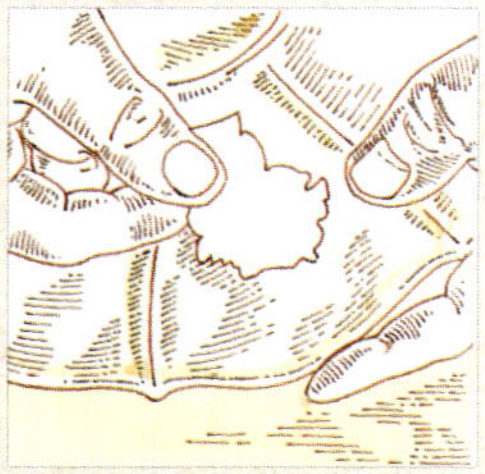

2 Den verdünnten PVA-Kleber auf die Vorderseite der Bilder auftragen und auf der Tellerrückseite fest aufdrücken, etwaige Luftblasen mit dem Finger ausdrücken. Trocknen lassen.

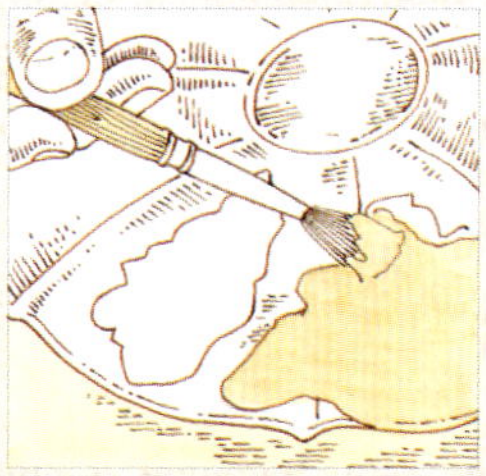

3 Die Tellerrückseite einfärben und die Papierbilder ebenfalls mit Rosa bestreichen. Mindestens zwei Farbaufträge, jeden gründlich trocknen lassen.

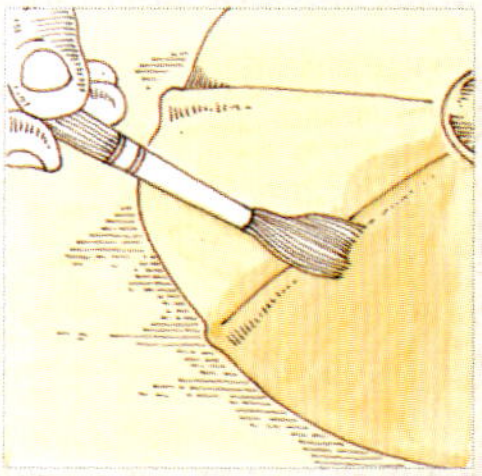

4 Die Farbe mit 3 Lackschichten bedecken, sie dienen als Schutz vor Kratzern und Abrieb.

Dieser Teller sollte nur bei besonderen Gelegenheiten auf den Tisch kommen. Es ist nicht möglich, ihn ins Wasser zu tauchen, er darf nur mit einem feuchten Schwamm gereinigt werden und muß dann trocken abgewischt werden. Vielleicht ziehen Sie es auch vor, ihn überhaupt nicht zu benutzen, sondern hängen ihn lieber als Schmuckstück mit richtigen Aufhängern an die Wand.

INDEX

DANKSAGUNG

Der Autor möchte sich ganz besonders bei Heini Schneebeli für seine Mühe und detailgetreue Sorgfalt bei den wirklich bezaubernden Photographien in diesem Buch bedanken. Der Dank gilt auch all meinen guten Freunden, die mir schöne Sachen aus ihren Wohnungen zur Verfügung gestellt haben: Raynes Minns, Duffy Ayers, Anthea Sieveking, Alan Stewart, Sophie Hedworth, Marion Manheimer, Pat Schleger, Gloria Nichol, Dulcie Beilin Morel. Ein besonderer Dank geht an Anna Bentinck für ihre unschätzbare Hilfe beim Suchen des original viktorianischen Stoffes; an Mamelok Press Ltd, Bury St Edmunds, IP32 6NJ, für die viktorianischen Motive in diesem Buch, und an V.V. Rouleaux, Ribbon Supplies, 10 Symons Street, London, SW3 2TJ (0171-730 3125).
Die Gravierungen für das Exlibris auf den Seiten 14–15 sind von copyrightfreien Buchquellen der Dover Publications photokopiert worden.

Ganz besonders danke ich auch meinen beiden Kindern, Hannah und Raphael, und Teo Spurring, die so geduldig, verständnisvoll und hilfreich während der Herstellung dieses Buches waren.